LE CHANVRE
LA FILATURE & LA CORDERIE

DANS LA DISCUSSION

DU TARIF GÉNÉRAL DES DOUANES

A LA

CHAMBRE DES DÉPUTÉS

Par M. Dominique Delahaye-Bougère fils,
membre titulaire.

Extrait du Bulletin de la Société Industrielle et Agricole d'Angers.

LE CHANVRE

LA FILATURE ET LA CORDERIE

DANS LA DISCUSSION

DU

TARIF GÉNÉRAL DES DOUANES

A LA CHAMBRE DES DÉPUTÉS

PAR

M. Dominique DELAHAYE-BOUGÈRE Fils

Membre titulaire.

ANGERS

IMPRIMERIE LACHÈSE ET DOLBEAU

13, Chaussée Saint-Pierre, 13.

1880

LE CHANVRE
LA FILATURE & LA CORDERIE

DANS LA DISCUSSION

DU TARIF GÉNÉRAL DES DOUANES

A LA

CHAMBRE DES DÉPUTÉS

Par M. Dominique Delahaye-Bougère fils,
membre titulaire.

Messieurs,

M. Blavier, notre honorable président, a bien voulu m'encourager à résumer devant vous, en les commentant, les discussions de la Chambre des Députés, relatives à la fixation des droits de douane sur les chanvres et sur les lins, les fils de chanvre, les cordages et les ficelles. — Nous serons ainsi conduits tout naturellement à parler des démarches que la corderie fait auprès du Sénat.

Le sujet est aride et il me semble difficile de lui donner quelque attrait.

Aussi m'efforcerai-je, Messieurs, pour mériter l'honneur de votre attention, d'être aussi bref qu'il me sera possible.

La culture du chanvre, la filature et la corderie, ces trois branches si importantes de nos industries agricoles et manufacturières de l'Anjou, se sont déjà réclamées de notre Société.

L'approbation que vous avez donnée aux travaux consciencieux de M. de Capol, témoigne de votre sollicitude pour les intérêts engagés dans la discussion du Tarif des douanes.

Les réserves que vous avez faites, sur le fond de la question, tout en décernant à notre collègue des éloges mérités, montrent que vous savez, Messieurs, demeurer impartiaux, quand des industries, dont les intérêts sont opposés, viennent plaider leur cause devant vous.

Vous avez assisté à la lutte de la corderie et de la filature. Nous verrons dans la fixation du tarif de la filature, que cette lutte a pris fin et qu'elle s'est terminée par l'accord des deux parties.

Mais avant de parler de l'industrie, commençons par nous occuper de l'agriculture, qui fournit à nos usines ces chanvres excellents, sans lesquels on n'apprécierait point, d'un bout à l'autre de l'Europe, les fils de pêche et les fils à cordonnier d'Angers, et, dans le monde entier, ses toiles à voiles.

Comment se fait-il donc que, seule, notre culture soit privée de ces droits compensateurs qu'on accorde (en se récriant il est vrai, et qui sont presque tous insuffisants), mais enfin qu'on accorde à la filature, au tissage et à la corderie?

Les discours de MM. Pierre Legrand et Blin de Bourdon, vont peut-être nous l'apprendre. Je vous en citerai les principaux passages et, si vous le jugez convenable, Messieurs, afin que le bulletin de la Société *Industrielle et Agricole* conserve des documents qui touchent aux intérêts du département de *Maine-et-Loire*, nous ferons suivre ce résumé de la reproduction du texte du *Journal officiel.*

I.

Chanvres et Lins.

Le 29 mars 1880, vers la fin de la séance, devant une salle presque vide et au milieu de l'inattention générale est venue, à la Chambre des Députés, la discussion des droits applicables aux chanvres à leur entrée en France. C'est le numéro 132 du tarif.

Le principe de l'entrée en franchise des matières premières, avait été consacré deux fois, déjà, par les votes décidant l'exemption de la laine et du coton.

Il n'y avait dès lors aucun espoir que le chanvre et le lin pussent bénéficier d'un vote d'exception, car tout se tient et s'enchaîne dans ces questions, et, là où le coton passe en franchise, on ne peut faire payer des droits au chanvre ni au lin.

Néanmoins, M. le vicomte Blin de Bourdon, député de la Somme, prit en mains la défense des cultivateurs sacrifiés.

Voici le texte de l'amendement qu'il avait déposé.

« Tarif d'entrée. — Paragraphe : filaments, tiges et fruits à ouvrer ;

« 1° Lins et chanvres bruts, teillés, 5 fr. les 100 kil. ;

« 2° Teillés, peignés ou en étoupes, peignés, 8 fr. les 100 kil. ; étoupes, 4 fr. les 100 kil. ;

« 3° A l'importation des produits fabriqués, il sera perçu, à titre de compensation, des droits équivalents aux droits d'entrée ci-dessus énoncés ;

« 4° Ces derniers droits seront remboursés à l'exportation des produits fabriqués, au moyen de droits de sortie, équivalents aux droits d'entrée. »

Le Gouvernement et la Commission sont d'accord pour demander l'exemption, avait dit, avant de donner lecture de cet amendement, M. Bethmont, qui présidait la séance.

« M. Blin de Bourdon a la parole.

« M. LE VICOMTE BLIN DE BOURDON. — Messieurs, vous avez consacré dans votre vote le principe de l'entrée en franchise des matières premières ; aussi je ne viens pas vous demander de protéger par un droit de douane le lin ou le chanvre brut, c'est-à-dire une matière première ; mais ce lin et ce chanvre bruts, ces matières premières reçoivent plusieurs transformations industrielles ; ces transformations industrielles, je devrais dire ces industries, le teillage, la filature et le tissage sont importantes dans notre pays.

« Mais le teillage l'est au même titre que les autres,

puisqu'il occupe plus d'ouvriers que la filature et le tissage réunis; et cependant votre Commission vous propose de protéger par un droit important la filature et le tissage, et de livrer, sans défense, l'industrie du teillage à la concurrence étrangère. Cela ne me paraît pas logique, parce que cette même commission vous demande un droit de 30 p. 100 sur les laines peignées, industrie absolument comparable à celle des lins et des chanvres teillés, puisque le peignage est la première transformation industrielle de la laine, comme le teillage est la première transformation industrielle du lin et du chanvre. . . . .

. . . .

« Est-ce précisément, parce que cette industrie n'est pas centralisée dans de vastes établissements ou concentrée entre les mains de puissants industriels, qu'elle a été oubliée dans les traités de 1860, ou bien les auteurs de ces traités ont-ils estimé qu'elle n'avait pas besoin de protection? Je l'ignore, mais j'affirme que l'erreur commise a presque ruiné l'industrie du teillage, et, du même coup, la culture des lins et des chanvres. »

Vient ensuite l'énumération des chiffres de nos importations toujours croissantes, du nombre d'hectares que la culture a perdus depuis 1860 et le prix de revient de la main-d'œuvre par hectare de lin.

Après avoir montré « la triste situation de l'industrie du teillage et de la culture des lins et des chanvres, » « Je veux croire, dit l'orateur, je crois à votre bon vouloir pour l'agriculture. M. le Ministre a eu pour elle quelques bonnes paroles, votre Commission quelques bonnes intentions. Mais bonnes paroles et bonnes intentions ne remédieront pas aux souffrances de l'agriculture et au profond découragement des agriculteurs. »

Il me semble que M. Blin de Bourdon a raison, et son amendement me paraît le seul moyen de rendre la prospérité à nos campagnes.

Mais plus je crois cet amendement utile, plus je regrette les circonstances dans lesquelles il s'est produit.

Ne pouvant aborder de front le débat, parce que l'exemption des matières premières était votée, M. Blin de Bourdon s'est vu contraint à imaginer une distinction controversable.

Toute sa défense du teillage, appuyée sur cette affirmation que le lin en tiges est la matière première et le lin teillé un produit fabriqué va être combattue, avec quelque apparence de raison, par M. Pierre Legrand.

Voyons ce que va répondre ce député du Nord, protectionniste éclectique, que nous verrons plus tard défendre la filature contre les attaques de M. le Ministre du Commerce. — Il parle au nom de la Commission.

« M. Pierre Legrand. — Messieurs, je viens vous soumettre les raisons qui ont empêché la Commission de demander un droit sur le lin . . . .
On a essayé d'établir une comparaison entre le peignage de la laine et le..... teillage du lin..... Je comparerais plus volontiers le teillage au lavage des laines dans les eaux alcalines; ce sont ces deux premières opérations que subissent les deux textiles avant d'arriver à l'industrie...

« Le droit demandé, messieurs, porte sur une matière première..... Le Gouvernement demande l'exemption de tous droits pour les matières premières...

« Vous avez déjà voté l'exemption pour la laine et le coton.

« Il s'agit maintenant du lin : si vous votez un droit sur cette seule matière première, vous ferez à l'industrie du lin une situation absolument mauvaise qui aura une répercussion immédiate sur tous ses produits. »

A ce moment M. Blin de Bourdon interrompt :

« Je demande qu'on exempte la matière première! dit-il.

« M. Pierre Legrand. — Vous demandez que l'on frappe d'un droit de cinq francs le lin teillé : c'est bien cela?

« M. le vicomte Blin de Bourdon. — Oui !

« M. Pierre Legrand. — Eh bien, c'est une matière première.

« A droite. — C'est une erreur !

« M. Pierre Legrand. — Je l'appelle matière première;

je sais bien que vous me répondrez qu'à des points de vue différents tout est matière première ; mais il est évident que le lin teillé est la matière première de l'industrie du lin ; vous allez le frapper d'un droit de 5 fr. qui atteindra l'industrie du lin dans toutes ses conséquences . . . .

« Maintenant, messieurs, à un autre point de vue, est-il vrai que cette exemption de droits sur le lin soit la cause unique de la décroissance de la culture du lin et du chanvre en France ? Est-il vrai qu'en imposant des droits sur le lin et le chanvre on verrait la culture de ces textiles prendre un nouvel essor, et la fortune publique s'accroître ? Messieurs, je ne le crois pas ; et, en effet, je prends un exemple dans un pays voisin, car je ne veux parler que de choses que je connais bien.

« La Belgique est un des grands pays producteurs de lin ; les lins de Courtrai ont une réputation sans égale dans le monde. Or, la Belgique n'a pas de droits sur le lin teillé ; elle reçoit tous ses produits en franchise, et voyez cependant la prospérité de sa culture !

« Savez-vous pourquoi nous ne prenons pas en France tout le lin dont nous avons besoin, en supposant que nous y trouvions toutes les qualités nécessaires à notre industrie, et pourquoi, malheureusement, nous allons trop souvent le chercher à l'étranger ? »

Les transports coûtent trop cher en France, dit l'orateur, et il conclut en indiquant le remède qui selon lui doit sauver l'agriculture. Pauvre remède en vérité !

« Ce qu'il faut avant tout, quant à présent, c'est obtenir que le lin français arrive facilement aux lieux de fabrication ; les industriels prendront, soyez-en bien convaincus, à conditions et à qualités égales, plus volontiers le lin français que le lin étranger. (Très-bien ! — Aux voix ! aux voix !)

« M. DES ROTOURS. — Je demande la parole.

« *Voix nombreuses.* — La clôture ! la clôture ! »

Malgré les efforts de M. des Rotours pour se faire écouter et obtenir le renvoi à la Commission de l'amendement de M. Blin de Bourdon, la clôture est prononcée.

Puis on procède au scrutin et la Chambre vote l'entrée en franchise des chanvres et des lins étrangers.

Après cet échec, les cultivateurs pouvaient encore espérer dans le Sénat.

Aujourd'hui leur cause est jugée.

« Dans la crainte de soulever les protestations des industriels qui n'admettent de protection que pour les objets fabriqués, » dit le journal l'*Industrie Française*, dans son numéro du 15 juillet 1880, « la Commission sénatoriale des douanes n'a pas mis de droit sur les matières, lin, chanvre, laine, etc. »

Ainsi l'éclectisme a triomphé !

Il ne faut pas, toutefois, s'en prendre à M. Pouyer-Quertier, de cette décision.

Ma bonne fortune m'a permis d'assister à la conférence que cet éminent sénateur, le plus désintéressé des filateurs et le plus sincère de nos économistes, est venu donner à Nantes le 21 décembre 1879.

Laissez-moi, messieurs, vous lire un passage de cette conférence : il a fixé toutes mes hésitations sur la question si complexe du droit des matières premières.

« L'Angleterre, avec son immense flotte, décuple de la nôtre, la plus grande du monde, a pu sacrifier son agriculture à son industrie et livrer son alimentation aux hasards de la mer et du commerce ! — L'avenir nous dira si elle a eu raison — mais nous, Français, nous n'avons pas le droit de courir de telles aventures ! Non ! non ! nous n'avons pas le droit de faire de tels sacrifices ; l'agriculture, en France, prime encore, Dieu merci ! tous les autres intérêts ; elle est à elle seule, plus puissante que toutes les autres forces productives du pays. C'est elle qui fait vivre le plus grand nombre de bras : commerce, industrie, marine. Nous ne vivrons qu'à la condition qu'elle puisse donner des salaires rémunérateurs aux bras qu'elle emploie ; et notre pays ne sera en sécurité qu'autant qu'elle pourra subvenir à l'alimentation régulière du pays ; pour cela il n'y a qu'un moyen à employer, un seul : lui donner une compensation sur les produits étrangers des charges qui pèsent sur elle.

« Voyez, Messieurs, ce qui se passe : Je suis, moi, un grand consommateur de laines ; je vais acheter des laines à la Plata, à Buénos-Ayres, en Australie, dans l'Orient, que sais-je?... Sur tous les points du globe ; eh bien ! ces produits ne paient aucun droit, ils entrent chez nous sans avoir à verser un centime au Trésor, tandis que les producteurs français qui cultivent autour de moi, qui vivent des troupeaux qu'ils élèvent et de leurs toisons, paient, chaque jour les impôts que vous savez, impôts qui, dans le cas actuel, se chiffrent par une somme de 5 fr. au moins par tête de mouton ! Et vous voudriez après cela, que nous ne résistions pas à cette invasion !

« Le fait que je viens de vous citer pour les laines peut s'appliquer aux lins, aux chanvres, aux crins, aux suifs, aux graisses, aux graines oléagineuses, enfin à tout ce qui est importé de l'étranger. Je demande donc que ces produits, non seulement soient surchargés d'un droit d'entrée, mais encore que tous les produits qui nous arrivent à l'état de matières premières paient un impôt.

« On m'a quelquefois reproché de n'avoir pas dit qu'il fallait imposer aussi les cotons, et cela parce que je suis moi-même grand consommateur de coton. Cette assertion — je tiens à le dire devant cette grande assemblée — est une indigne calomnie! (Applaudissements.) En tête des impôts que j'ai proposés en 1871 figure un droit de 10 %, sur les cotons. On m'a répondu alors : « Le pays n'en produit pas! » Cela est vrai, mais, avec le coton, nous faisons nos vêtements et je ne vois pas pourquoi cette matière que l'on appelle le coton, et que la France ne produit pas, ne serait pas frappée d'un droit que vous imposez à la production du lin, du chanvre, de la laine qui sont les productions du pays, que le coton peut remplacer dans une forte mesure. C'est là, au contraire, selon moi, une question capitale; aujourd'hui, il entre en France pour près de 3 milliards de francs de produits de toute nature qui ne paient rien à l'État ; or, si vous avez tant de peine à faire quelques bénéfices sur ce que le sol vous donne, c'est précisément parce que les produits similaires, les succédanés, si l'on peut employer ici ce terme, ne paient pas un droit semblable à celui que vous acquittez vous-même.

« C'est pour ces motifs que j'ai toujours soutenu que l'on pouvait demander l'établissement d'un droit, non pas exagéré, mais raisonnable, 10 à 12 0/0 sur les marchandises de toute nature venant de l'étranger, qui sont similaires des nôtres, avec cette condition que la restitution des droits aurait lieu, lorsque ces mêmes produits sortiront de France après avoir subi les transformations de l'industrie pour aller à l'étranger. C'est toujours l'application du même principe ▸ frapper les produits étrangers d'un droit égal à celui qui frappe les produits nationaux, égalité devant l'impôt comme devant la loi.

« Nous n'avons pas, en France, une ferme qui paie l'impôt tandis que l'autre ne la paie pas, pourquoi donc alors les toisons de la Plata et du Canada auraient-elles le droit de venir, comme je le disais, user nos routes et nos chemins de fer, sans avoir rien à payer pour le service que nous rendons à leurs producteurs. (Très bien ! très bien.) »

Cette doctrine économique, si sage et si française, a trouvé des partisans convaincus dans les membres de l'*Association de l'Industrie française*. J'ai entendu M. Leblan de Lille, président de la section du lin et du chanvre, et nombre d'autres filateurs, déclarer qu'ils faisaient cause commune avec l'agriculture.

Malheureusement ils n'ont point réussi à convertir nos députés, et nous allons voir le libre-échange qui marche toujours en avant, après avoir sacrifié l'agriculture, s'attaquer à l'industrie.

II.

Filature de Lin et de Chanvre.

La discussion relative à la filature de lin et de chanvre avait été impatiemment attendue par les intéressés.

Le vendredi 7 mai 1880, les délégués du comité linier du Nord, et un grand nombre des principaux filateurs de France, étaient dans les tribunes.

Dix minutes après l'ouverture de la séance, M. Gambetta qui présidait annonce que :

« L'ordre du jour appelle la suite de la discussion du projet de loi portant fixation du tarif général des douanes.

« La discussion s'ouvre sur le n° 337, fils de lin ou de chanvre (3ᵉ section, matières fabriquées.)

« Il y a sur ce numéro un amendement de M. le comte le Gonidec de Traissan. »

Aussitôt, M. Méline, *l'un des rapporteurs*, demande la parole.

Suivrons-nous M. Méline dans son exposé des considérations d'ordre général ? Il faudrait ensuite nous arrêter au discours de M. Tirard et à la réponse de M. Pierre Legrand, avant d'arriver au sujet spécial qui nous occupe : la filature de chanvre en Anjou.

Nous savons que M. Méline est le défenseur de la filature attaquée par M. le Ministre de l'Agriculture et du Commerce, et que M. Pierre Legrand vient se joindre à M. Méline, pour prier la Chambre de voter le tarif de la Commission.

Il suffira donc, je crois, Messieurs, d'indiquer les deux points principaux qui divisent le Gouvernement et la Commission, à savoir : la classification et le *quantum* des droits, et de montrer le rôle de la corderie dans cette discussion.

M. Méline propose une classification de 9 catégories, dont la première s'arrête aux fils de 5000 mètres au kil..., pour cette 1re catégorie le droit demandé est 20 fr. par 100 kil.

M. le Ministre de l'Agriculture et du Commerce propose une classification en 8 catégories, dont la première va jusqu'aux fils de 6000 mètres au kil..., le droit demandé pour cette 1re catégorie est 18 fr. 50 par 100 kil.

Toutes deux seront reproduites, plus loin, dans le texte du *Journal officiel.*

M. Méline donne à la classification de la Commission le nom de *décimale,* par opposition à celle du Gouvernement qu'il appelle *duodécimale,* parce que « les chiffres vont de 12 à 24 et jusqu'à 72. »

La classification de la Commission aurait pour effet de ralentir l'importation des fils anglais, devenue très menaçante dans les numéros moyens qui ne sont pas, disons-le entre parenthèse, la spécialité des filateurs de l'Anjou.

Elle offrirait, en outre, l'avantage de répartir les droits plus équitablement.

Mais elle gênerait grandement les Anglais !

M. LE MINISTRE DE L'AGRICULTURE ET DU COMMERCE la combat, sous prétexte qu'elle porterait préjudice aux tisseurs français qui achètent des fils étrangers.

M. PIERRE LEGRAND répond à M. le Ministre que les 9 dixièmes du tissage français marchent d'accord avec les filateurs.

Quant à la déposition de l'honorable M. Bertrand-Milcent, qui fait exception, pour le bien des intérêts libre-échangistes des fabricants de batiste et linons de Cambrai, elle représente, dit-il, des intérêts tellement minimes « qu'il ne convient pas de l'apporter dans la discussion générale. »

Malgré les efforts de M. Méline et de M. Pierre Legrand, la Chambre votera la classification du Gouvernement.

Les cordiers avaient pris parti pour la classification de M. Méline.

Vous voyez, messieurs, que s'ils étaient devenus les adversaires des filateurs de gros numéros, faute d'avoir pu les obtenir pour alliés, ils n'en demeuraient pas moins en réalité les amis de la filature.

D'ailleurs, le défenseur qu'ils avaient eu le rare bonheur de rencontrer, M. le comte Le Gonidec de Traissan, ne leur aurait pas permis une autre attitude.

Il n'aurait jamais prêté son appui à qui aurait voulu tenter rien qui ressemblât, de près ou de loin, à la guerre de M. Tirard contre la filature.

L'amendement qu'il a bien voulu soutenir à la tribune avait été communiqué à M. Pouyer-Quertier et à M. de Capol, avant d'être envoyé, par le Comité d'initiative de la corderie française, à tous les cordiers de France.

Voici le texte de cet amendement :

« Remplacer le paragraphe :

« 1re catégorie.

« 5000 mètres et moins . . . .   20 fr. » les 100 k.
par le suivant :

« 1re catégorie subdivisée.

«	500 mètres et moins		12 fr.	—
«	501	— à 1000 mètres . .	13 fr.	—
«	1001	— à 3000 — . .	16 fr.	—
«	3001	— à 5000 — . .	19 fr.	—

« *Note.* — Cette subdivision de la 1re catégorie correspond pour le nombre des classes au tarif de la filature de jute, n° 338. »

Laissons la parole à M. Le Gonidec.

« M. LE COMTE LE GONIDEC DE TRAISSAN. — Messieurs, dans son projet de tarif sur la filature de chanvre, la Commission vous propose une seule catégorie pour les fils ne mesurant pas plus de 5000 mètres au kilogramme. Cette catégorie unique comprend des fils de valeurs fort différentes ; l'amendement que j'ai l'honneur de vous proposer consiste à subdiviser cette catégorie, et à attribuer à chaque subdivision un chiffre en rapport avec la valeur des produits qu'elle comprend.

« Ces prix étant en moyenne de 130, 140, 160 et 190 fr. pour les longueurs de 500, 1000, 3000 et 5000 mètres, les chiffres proposés correspondent à une protection de 10 °/₀ de la valeur, protection qui me semble suffisante. »

. . . .

« Les deux premières subdivisions proposées, celle de 500 et de 1000 mètres, ne donnent lieu qu'à une très faible importation. Ces fils sont généralement fabriqués en France et ne servent qu'à la corderie. La ficellerie, industrie considérable en France, emploie surtout les numéros compris entre 1000 et 5000 mètres, surtout ceux qui ont moins de 3000. Elle demande de pouvoir y employer des fils étrangers sans payer à l'entrée un droit hors de proportion avec la valeur du produit indigène identique.

« M. le Ministre estime qu'il ne faut pas établir trop de catégories. Il me permettra de faire remarquer que lui-même a proposé pour les fils de jute une classification identique à celle que je demande pour les fils de lin ou de chanvre. J'espère donc que la Chambre ne s'arrêtera pas à cette objection. (Marques d'assentiment sur divers bancs.) »

« M. MÉLINE. — Messieurs, la Commission ne résiste pas aux abaissements raisonnables qui lui sont proposés, quand ces abaissements sont conciliables avec les intérêts de l'industrie que nous avons à défendre.

« Il nous est apparu que l'amendement de M. le Gonidec pouvait être accepté dans une certaine mesure, mesure que nous avons à déterminer. La Commission ferait volontiers à M. Le Gonidec la concession de l'abaissement du droit jusqu'à 2000 mètres . . . .

. . . .

« Nous pourrions accepter un droit de 16 fr. au lieu de 20 fr. ; mais il est impossible à la Commission d'aller plus loin et d'entrer dans la voie que M. Le Gonidec indique ; il demande en dehors de ces catégories abaissées qui iraient jusqu'à 2000 mètres, de faire d'autres catégories qui iraient jusqu'à 5000 mètres. Il nous est impossible de lui faire cette concession, par la raison que les fils entre 2000 et 5000 mètres, ont une valeur trop considérable pour que le droit de 16 fr. suffise à les protéger . . . . .

« En résumé, la Commission avait accepté deux catégories : une catégorie jusqu'à 500 mètres avec un droit de 12 francs, et une catégorie jusqu'à 2000 mètres, au droit de 16 fr.

« La Commission ne fera pas d'objection au Gouvernement s'il préfère d'autres chiffres.

« M. LE MINISTRE DE L'AGRICULTURE ET DU COMMERCE. — Messieurs, je crois qu'il est absolument inutile de multiplier les catégories. Si chaque représentant d'une ville ou d'une contrée vient nous dire : Il conviendrait de diminuer tel numéro et de faire une classe de plus, avec abaissement pour l'une et relèvement de droit pour l'autre, nous arriverions à établir un tarif inextricable. Je ne veux pas me mettre en opposition avec la Commission, mais je la prie de vouloir bien réduire la concession à une seule catégorie, s'étendant jusqu'à 2000 mètres, avec un droit de 15 ou 16 francs. »

« M. MÉLINE. — 16 francs !

« M. LE MINISTRE. — Cela donnerait satisfaction à l'amendement de M. Le Gonidec, mais vraiment, créer des catégories de 500 à 1000 mètres, de 1000 mètres à 3000 mètres, et de 3001 à 5000 mètres, cela serait abusif. »

Abusif ! inextricable ! cela est bientôt dit.

Mais c'est ce qu'il aurait fallu prouver ?

Or, nous n'avons pas oublié que M. le Ministre luimême, propose de continuer à diviser les fils de jute en 4 catégories, comme cela se pratique depuis 1860.

Il paraît que ce qui est « inextricable et abusif, » quand il s'agit des fils de chanvre, cesse de l'être quand il s'agit des fils de jute, textile similaire qui nous vient de l'Inde par l'Angleterre.

Nous entendons avec quelque surprise M. Méline dire à ce moment, que la Commission partage l'avis de M. le Ministre. Cet accord ne sera pas de longue durée.

« M. LE PRÉSIDENT. — Alors dans la première catégorie, on dirait : « fils simples, écrus, mesurant au kilogramme 2000 mètres et moins, 16 francs. » Êtes-vous d'accord làdessus ?

« M. MÉLINE. — Oui, monsieur le président.

« M. le comte Le Gonidec de Traissan. — Je me rallie à la proposition de M. le rapporteur et retire mon amendement.

« M. le Président. — Je consulte la Chambre sur la rédaction que je viens de formuler.

« (La rédaction formulée par M. le président est mise aux voix et adoptée.) »

Bien que la concession d'une seule catégorie supplémentaire, raisonnablement abaissée, ne paraisse pas suffisante aux cordiers, ils remercient vivement M. le comte Le Gonidec de Traissan, de l'avoir acceptée sans hésitation.

Cette première catégorie de 2000 mètres à 16 francs, avec la 2e catégorie « plus de 2000 mètres... pas plus de 6000 mètres, à 18 fr. 50 » que nous allons voir sortir des votes du projet du Gouvernement, a posé les bases du tarif de la corderie.

Après ce vote qui venait de porter à 9 le nombre des catégories acceptées par M. le Ministre, M. le Président donna lecture de l'amendement que M. Lenglé, député de la Haute-Garonne, venait de déposer au cours de la discussion.

Cet amendement tendait à obtenir une réduction de droits sur les fils fins, mesurant de 45,000 à 100,000 mètres au kilogramme.

Nous ne suivrons pas, Messieurs, cette discussion qui intéresse beaucoup plus les fabricants de batistes et linons de Cambrai et les filateurs du Nord, que les agriculteurs, les filateurs et les cordiers de l'Anjou.

L'amendement de M. Lenglé ne fut d'ailleurs pas pris en considération.

Il n'eut d'autre utilité que de fournir à M. Rouher « par voie de digression » l'occasion d'un discours où il se montra plus libre-échangiste que M. Tirard lui-même.

La séance touchait à sa fin ; 5 heures venaient de sonner, quand M. le Président mit aux voix « le système de catégories présentées par la Commission. »

C'était le moment décisif pour la filature du Nord.

On allait opter « entre le mode de tarification de la Commission et celui du Gouvernement. »

De l'acceptation ou du rejet de la classification de M. Méline, dépendait le vote des chiffres de son tarif.

On procéda au scrutin qui donna :

Pour l'adoption	128
Contre	308

La Chambre n'adopta pas la classification de M. Méline, au grand préjudice des filateurs qui font les numéros moyens.

Aussitôt, M. le Président, mit aux voix le tarif du Gouvernement qui fut adopté.

Maintenant, Messieurs, que nous avons vu comment sont sorties de ce débat les deux catégories de fils employés par la corderie, nous allons, si vous le permettez, passer à la discussion du tarif de cette industrie.

III.

Corderie.

Ma première pensée n'avait pas été de vous apporter un travail aussi long, mes occupations professionnelles exigeant tous mes instants.

Mon intention était de me borner à vous demander, Messieurs, de vouloir bien consentir à la reproduction, dans le bulletin de la Société, d'un article que j'avais écrit pour le journal l'*Industrie française*, au lendemain du vote du tarif de la corderie.

Je demandai à notre honorable président si cette reproduction était conforme à vos usages.

Je lui confiai que je la désirais, dans le but (je ne dirai pas, Messieurs, de vous gagner à la cause de la corderie, vous n'avez jamais été ses adversaires); mais d'y gagner même les filateurs qui ne s'y seraient pas intéressés jusqu'ici.

M. Blavier accueillit ma demande avec la plus grande

bienveillance, et il me conseilla, pour le succès même de mon entreprise, de faire précéder cet article d'un résumé de la question, fait au point de vue des intérêts agricoles et industriels de l'Anjou.

Je vous ai apporté, Messieurs, tous les documents que j'ai recueillis sur la culture des chanvres et la filature, au cours de la discussion du tarif des douanes.

Permettez-moi maintenant de me borner à vous lire les principaux passages de cet article, qui a pour titre :

« M. LE MINISTRE DU COMMERCE ET LE TARIF DE LA CORDERIE. »

Dans la séance du 4 juin, la Chambre des Députés a discuté le n° 538 du Tarif des douanes : cordages et ficelles en lin, chanvre, jute, ou tous autres végétaux non dénommés.

La Commission proposait le tarif suivant :

	Fils simples écrus polis, non polis en pelotes ou en écheveaux.	Fils retors écrus polis, non polis en pelotes ou en écheveaux.
Mesurant en kilog. de fil simple :	100 kilog.	100 kilog.
Jusqu'à 500 mètres....................	12 fr.	15 fr.
De 500 à 1.000 mètres................	16	21
De 1.001 à 3.000 mètres.............	25	33
De 3.001 à 6.000 mètres.............	34	45
De 6.001 à 20.000 mètres...........	43	57
Blanchis ou teints...................	Droit du fil simple ci-dessus augmenté de 30 0/0.	
Blanchis ou teints...................	Droit du fil retors ci-dessus augmenté de 30 0/0.	

M. le comte Le Gonidec de Traissan avait déposé un amendement qui était accepté par la Commission.

Amendement. — « Compléter ainsi le titre :

« Cordages, ficelles et fils simples polis.

« Dans les trois paragraphes supprimer les mots *écrus* et *ou non polis.* »

2

Le Gouvernement proposait un droit unique de 15 fr. par 100 kil. pour tout tarif.

La Chambre vota une nouvelle tarification qui ne satisfaisait pas l'industrie de la corderie.

La voici, avec sa majoration de 24 0/0 comprise, majoration qui sera très probablement supprimée dans la conclusion des Traités de Commerce.

« Cordages et ficelles mesurant par kil. de fil simple : 500 mètres et au-dessous, 18 fr. 50 les 100 kil. ; de 501 à 2000 mètres, 22 fr. les 100 kil.; plus de 2000 mètres, droit du fil retors pour tissage, suivant l'espèce du filament et l'état du fil. »

Nous voudrions que l'espace nous permît de reproduire toute la discussion qui comprend quatre colonnes de texte du *Journal officiel* et nous regrettons d'être obligés de nous borner à en donner une analyse.

M. MÉLINE, rapporteur, expose, comme toujours, en termes clairs et concis l'état de la question :

« Il faut bien le dire, cette industrie n'a pas reçu un tarif véritable dans les traités de 1860 ; car je ne considère pas comme tel un droit unique de 15 francs, conservé par le Gouvernement dans son tarif général avec la majoration habituelle qui l'a porté à 18 fr. 50...

« C'est là, Messieurs, une injustice choquante, et c'est le sentiment de cette injustice qui a amené votre Commission à vous proposer pour la corderie un tarif gradué, avec des catégories correspondant à la nature même de la fabrication. Celle-ci se modifie naturellement avec le numéro du fil employé ; plus il est fin, plus le travail et la façon s'élèvent. »

M. Méline explique que la Commission a composé son tarif en recherchant la valeur des cordes et ficelles calculée sur la longueur du fil simple contenu dans un kilogramme.

« Nous avons, dit-il, appliqué aux différentes catégories que nous avions ainsi créées un droit spécifique d'environ 10 0/0 de la valeur. Je ne veux pas insister davantage ; ces courtes explications suffiront, je pense, pour faire comprendre le mécanisme de notre tarif et les principes qui ont dirigé votre Commission. » (Approbation sur plusieurs bancs.)

M. LE MINISTRE DE L'AGRICULTURE ET DU COMMERCE trouve « que l'industrie du cordage n'est pas en souffrance, comme on l'a prétendu, car elle exporte beaucoup plus qu'elle n'importe. »

Puis à ce sujet, M. le Ministre se lance dans une citation et une interprétation tout à fait fantaisistes des chiffres de la statistique.

Nous donnons ce passage en le soulignant, nous proposant d'y répondre en temps opportun. L'occasion naturelle se présentera lorsque cette question sera examinée par le Sénat.

Toutefois, rappelons dès maintenant à M. Ozenne que nous avons eu l'honneur de le voir le 3 mai, pour lui signaler les erreurs de même nature, commises dans son article du 17 avril 1880, publié par l'*Économiste français*, et, que nous attendons de la loyauté et de la courtoisie de l'ancien ministre de l'agriculture et du commerce la rectification qu'il a bien voulu nous faire espérer. La thèse soutenue par M. Ozenne et celle que défend M. Tirard étant identiques, sur ce point, si le premier de nos contradicteurs nous donne satisfaction, nous serons en possession d'arguments décisifs pour convaincre le second.

Que dit, en effet, M. Tirard ?

« *Nous importons une quantité de 605,000 kil. dans lesquels les deux tiers consistent en fils de caret, admis en franchise temporaire pour les constructions navales ; reste donc comme quantité importée soumise aux droits 200,000 kil., et nous en exportons 2,300,000 kil. Nous exportons donc dix fois plus que nous n'importons.* »

Pour aujourd'hui, nous nous bornerons à noter, en passant, que M. le Ministre oublie complètement de nous dire à quelle année s'appliquent les chiffres qu'il a cités.

Après avoir tiré des chiffres certainement erronés qu'il vient de donner cette conclusion que la corderie n'est pas en souffrance, M. le Ministre convient qu'il y a quelque chose à faire pour elle.

« Cependant, dit-il, nous avons été frappés d'une anomalie qui résultait du droit unique de 15 francs et qui faisait que l'industrie des cordages et ficelles était, en réalité, protégée par un droit moindre que celui qu'elle devait acquitter sur les fils qu'elle achetait à l'étranger, et dont étaient composés ses produits.

« Pour donner en grande partie satisfaction aux réclamations qui nous ont été adressées par les industriels, et aux observations qui nous ont été faites par la Commission, nous vous proposons d'établir les trois droits suivants :

« Cordages et ficelles de sparte, de tilleul et de jonc, 3 fr. 75 les 100 kil.

« Autres mesurant par kil. de fil simple, 500 mètres et au-dessous 18 fr. 50 les 100 kil. ; de 501 à 2000 mètres, 22 fr. les 100 kil.

« Plus de 2000 mètres, droit du fil retors pour tissage, suivant l'espèce du filament et l'état du fil.

« Ainsi, pour les ficelles mesurant plus de 2000 mètres au kilogramme, nous appliquerons le droit du fil retors ; si ce fil est teint, on applique le droit du fil teint ; s'il est poli, blanchi, c'est le droit du fil blanchi.

« Nous donnons donc une large satisfaction à l'industrie de la corderie.

« M. MÉLINE. — Vous donnez le droit du fil, mais vous ne donnez rien à l'industrie de la corderie.

« M. LE MINISTRE. — Nous ne donnons rien à l'industrie de la corderie !... L'industrie de la corderie était et est encore dans une bonne situation avec un droit unique de 15 francs, non seulement nous maintenons ce droit, mais encore nous l'augmentons dans une proportion considérable.

« Par les dispositions que nous vous proposons, nous donnons une satisfaction énorme à l'industrie de la corderie, satisfaction qui, j'en suis convaincu, dépasse toutes les espérances qu'elle avait pu concevoir. (Approbation sur plusieurs bancs). »

Afin de ramener M. le Ministre à une idée plus exacte des espérances conçues par les cordiers et des sentiments qu'il leur inspire, je l'assure que ceux de nos confrères qui sont venus de Nantes, Saint-Mâlo, Rouen, Troyes, Granville, Angers, se joindre à ceux de Paris pour lui présenter leurs doléances, seront très surpris et très attristés en voyant que M. Tirard qui consentait à une réforme utile n'a su faire les choses qu'à demi.

Ils se souviendront, en retour, qu'ils doivent à M. le comte Le Gonidec de Traissan, la plus vive reconnaissance pour l'empressement et la haute compétence avec lesquels il a su défendre leurs intérêts.

Le tarif de la Commission était mis de côté par le Gouvernement. C'est à force d'instances et de démarches que M. le Ministre du Commerce a enfin consenti à la proposition que nous lui reprochons d'avoir faite si maigre, mais qui a, du moins, le mérite de poser les bases d'une réforme que l'avenir rendra meilleure sans aucun doute.

Afin d'enlever toute illusion sur ce nouveau tarif que nous appelons un trompe-l'œil, bien que M. le Ministre le dise augmenté de 100 pour 100, montrons immédiatement à quoi il se réduira si l'on vient à concéder aux puissances contractantes la marge de 24 0/0 laissée aux futurs négociateurs.

Les cordages et ficelles mesurant au kilog. de fil simple :

Moins de 500 *mètres, sont taxés* 18 *fr.* 50 *par* 100 *kilog.*

Les 24 0/0 de majoration ont été calculés sur le droit primitif de 15 fr. et correspondent par conséquent à 3 fr. 50. En enlevant à 18 fr. 50 ces 3 fr. 50, on ramènera le droit nouveau à 15 fr.

De 501 *mètres à* 1000 *mètres, sont taxés* 22 *fr.*

Après la suppression des 4 fr. 26 qui sont les 24 0/0 de majoration, calculée sur 22 fr., ce droit sera réduit à 17 fr. 76.

Au dessous de 2000 *mètres, droit du fil retors pour tissage c'est-à-dire* 18 *fr.* 50, *droit du fil simple, plus* 30 0/0, *part du retordage.*

Mais 18 fr. 50 devant être ramenés à 15 fr., par la suppression de la majoration, c'est 15 fr. qu'il faut multiplier par 30 0/0, pour obtenir le droit réel du fil retors : (15 × 30 0/0 = 4 fr. 50.) — Conséquemment 15 + 4 fr. 50 = 19 fr. 50.

Ainsi le droit qui est actuellement à 15 fr. par 100 kil., serait porté à 15 fr., à 17 fr. 76, à 19 fr. 50 et M. le Ministre nous dit qu'il l'augmente « peut-être » de 100 pour 100 !

Vraiment il a montré de la prudence en n'oubliant pas le « peut-être » et décidément M. Méline avait bien raison de l'interrompre pour lui dire : « Vous ne donnez rien à la corderie. »

Les observations décisives que M. le comte Le Gonidec de Traissan a présentées à M. le Ministre, au cours de la discussion, auraient dû cependant lui montrer que l'exportation de la corderie ne justifie pas le refus d'un tarif basé sur les 10 0/0 qu'on accorde aux autres industries.

Nous reproduisons ce passage en entier, parce qu'il signale dans nos tableaux de statistique une erreur singulière et qui a longtemps échappé aux esprits les plus attentifs.

« M. LE COMTE LE GONIDEC DE TRAISSAN. — Je demande la parole.

« M. LE PRÉSIDENT. — Vous avez la parole.

« M. LE COMTE LE GONIDEC DE TRAISSAN. — M. le Ministre me permettra une observation.

« Il a dit que notre exportation était de 2,300,000 kilog...

« M. LE MINISTRE. — C'est 2,380,000 kilog. !

« M. LE COMTE LE GONIDEC DE TRAISSAN. — Mais dans ce chiffre sont compris les approvisionnements de bord, qui depuis la circulaire ministérielle en date du 21 décembre 1850, sont portés au compte de l'exportation. La douane redevant indistinctement aux exportations ces cordages d'approvisionnement avec ceux qui composent les cargaisons à destination de l'étranger, je n'ai pu me procurer le chiffre exact des premiers, mais ce chiffre est très considérable.

« Dans la période décennale de 1867 à 1876, nous avons chargé en moyenne chaque année dans nos ports 8,202 navires francais. Si nous comptons par navire un approvisionnement de 100 kilog. de cordages, — et ce n'est qu'un minimum, — nous obtiendrons plus de 800,000 kil. qui doivent être défalqués du chiffre de l'exportation, car ils appartiennent à la consommation française.

« M. LE MINISTRE. — Pourquoi cela?

« M. LE COMTE LE GONIDEC DE TRAISSAN. — Ils y appartiennent au même titre que la consommation des caboteurs et des bâtiments de pêche sur les côtes de France.

« Et ce chiffre de 800,000 kilog. est de beaucoup au-dessous de la vérité. Car j'ai ici entre les mains deux permis de vivres et d'embarquement portant, l'un 200, l'autre 300 kilog. de cordages pour approvisionnement de navires transporteurs.

« M. LE MINISTRE. — Si nos navires s'approvisionnent en France plutôt qu'à l'étranger, c'est qu'ils ont intérêt de le faire. Autrement ils n'emporteraient de cordages que ce qu'il leur faudrait pour atteindre le port d'arrivée.

« M. LE COMTE LE GONIDEC DE TRAISSAN. — C'est ce qu'ils font, et ils doivent renouveler à l'étranger leur approvisionnement pour le retour.

« Les deux exemples que j'ai cités appartiennent au port de Nantes et à celui de Cette, si mes souvenirs sont exacts. En outre, j'ai relevé pour le seul port de Granville, en 1879, une exportation de 100,867 kilos de cordages destinés à Saint-Pierre et Miquelon, mais dont 62,300 kilos étaient pour une trentaine de navires les provisions de bord et de pêche, ce qui porte leur moyenne à 2,000 kilos environ par navire.

« Ce chiffre est sans doute exceptionnel; mais en admettant même le chiffre excessivement réduit de 100 kilos, minimum par navire, qui nous donne 800,000 kilos figurant à tort au compte de l'exportation, nous voyons que cette exportation n'est plus aussi florissante que M. le Ministre a bien voulu le dire. (Approbation sur plusieurs bancs.)

« M. LE MINISTRE. — Je ne comprends pas bien l'importance des observations que vient de présenter l'honorable orateur qui descend de la tribune. Si du chiffre de 2,380,000 kilogrammes de cordages et de ficelles exportés, nous défalquons 800,000, — je prends le chiffre de l'honorable M. Le Gonidec, — il restera encore 1,500,000 kilogrammes à l'exportation.

« M. LE COMTE LE GONIDEC DE TRAISSAN. — Le chiffre de 800,000 est pour moi un minimum. »

A ce sujet nous regrettons que M. Le Gonidec de Traissan citant des approvisionnements de bord de 200, de 300 et même de 2000 kilogrammes par navire, se soit contenté du chiffre minimum de 100 kilogr.

De plus, il n'est pas inutile de remarquer ici que des 1,500,000 kilogr. que M. le Ministre a trouvés là si à propos pour son argumentation, un million de kilogr. est expédié chaque année dans nos colonies. Or, nous nous refusons à considérer comme exportations à l'étranger ce que la métropole vend à ses colonies. Si nous n'avions que des exportations de ce genre, il serait inutile de nous donner tant de peine pour contracter des traités de commerce. Mais voyons la réponse de M. le Ministre à M. Le Gonidec.

« M. LE MINISTRE. — Si vous voulez que je vous donne un chiffre encore plus topique, je vais vous citer celui qui résulte des entrées en Algérie des articles qui nous occupent en ce moment.

« En Algérie où tous ces articles sont exempts de droits, où nous rencontrons surtout la concurrence italienne, nous sommes dans la situation suivante : l'Italie, en 1878, a fourni à notre colonie 73,000 kilogrammes de cordages, contre nous 421,000.

« Vous voyez donc que cette industrie de la corderie n'est pas aussi peu florissante qu'on veut bien le dire, puisque dans un pays où il n'y a aucun droit à payer, où la concurrence italienne est aussi rapprochée que possible, nous faisons 421,000 kilogrammes d'importation, tandis que nos concurrents les plus redoutables n'en font que 73,000 (Très-bien ! très-bien !)

« M. Méline. — De 1867 à 1887, l'importation s'est élevée de 100,000 à 500,000 kilogr. »

M. Méline disait vrai, l'importation étrangère en France a quintuplé depuis dix ans. Nous pouvons ajouter encore que l'exportation est restée stationnaire pendant la même période décennale. Et, pour montrer le peu de poids de l'argument que M. le Ministre a tiré de notre exportation en Algérie, nous pouvons l'inviter à consulter nos exportations en Italie. S'il est vrai que nous sommes en mesure de produire à meilleur marché que les Italiens, nous devons exporter chez eux beaucoup plus qu'ils n'exportent chez nous.

Or, en 1877, qui n'est pas une année exceptionnelle et choisie pour les besoins de la cause, nous avons exporté en Italie 42,277 kil., et l'Italie a exporté en France 571,062 kil., c'est-à-dire qu'elle nous a vendu 13 fois plus de ses articles que nous ne lui en avons vendu. Que faut-il donc penser des renseignements de notre ministre du commerce, du choix de ses chiffres et de ses arguments?

Il nous marchande notre part de protection parce que nous vendons en Algérie, terre française, plus de cordages que les Italiens!

Nous y vendons plus de cordages tout simplement parce que nos voyageurs visitent l'Algerie plus souvent que les voyageurs italiens, et encore parce que les mêmes maisons qui vendent les cordes et les ficelles vendent, en même temps, les fils à cordonnier d'Angers qui, vu la force du chanvre de la vallée de la Loire, sont d'une qualité à l'abri de toute concurrence.

Si M. le Ministre, dont les moments sont si précieux, avait pu discuter avec les cordiers qu'il a reçus en audience, au lieu de se borner à les écouter, il aurait su ce que les commis de son administration ont oublié de lui apprendre. Il aurait pu, en redressant une erreur de tarif qui lésait nos intérêts, nous donner une satisfaction équitable, tandis que, s'arrêtant en chemin, il nous contraint à reporter nos réclamations devant le Sénat.

Dominique DELAHAYE-BOUGÈRE fils.

Vous savez, Messieurs, quel sera le but des démarches que les cordiers feront auprès de la Commission sénatoriale des douanes, dès l'ouverture de la prochaine session. L'appui de M. Pouyer-Quertier leur est promis. Puissent-ils avoir aussi votre approbatisn et celle de tous les fila-teurs de l'Anjou, comme ils ont l'approbation des filateurs membres de l'Association de l'Industrie française.

CHAMBRE DES DÉPUTÉS

Extrait de la séance du vendredi 19 mars 1880.
Présidence de M. Bethmont, Vice-Président.

Chanvres et Lins.

Filaments, tiges et fruits à ouvrer.

Sur quelques bancs. — A demain ! à demain !

Sur d'autres bancs. — Non ! non ! — Continuons.

M. LE PRÉSIDENT. — Il est six heures moins dix minutes. Je demande à la Chambre de continuer la discussion ! (Oui ! oui !)

N° 131. — « Coton en laine ou non égrené. — Exempt. » — (Adopté.)

N° 131. — « Coton en feuilles cardées et gommées (ouate) 10 fr. » — (Adopté.)

N° 132. — « Lin et chanvre bruts, teillés, peignés ou en étoupes. »

M. LE PRÉSIDENT. — Pour le numéro 132, le Gouverne-ment et la Commission sont d'accord pour demander l'exemption. Mais deux amendements ont été déposés : l'un par MM. Anisson-Duperron et Douët ; l'autre par MM. le vicomte Blin de Bourdon, Victor Hamille, le baron de Septenville, de Clercq, de Tillancourt, Louis de Kerjégu, Villiers, le vicomte de Kermenguy, le marquis de Pratz,

Guichard, de Baudry-d'Asson, des Rotours, Georges Brame, Telliez-Béthune.

Ce dernier amendement est ainsi conçu :

« Tarif d'entrée. — Paragraphe : filaments, tiges et fruits à ouvrer :

« 1° Lins et chanvres bruts, teillés, 5 fr. les 100 kil. ;

« 2° Teillés, peignés ou en étoupes, peignés, 8 fr. les 100 kil. ; étoupes, 4 fr. les 100 kil. ;

« 3° A l'importation des produits fabriqués, il sera perçu à titre de compensation, des droits équivalents aux droits d'entrée ci-dessus énoncés ;

« 4° Ces derniers droits seront remboursés à l'exportation des produits fabriqués, au moyen de droits de sortie, équivalents aux droits d'entrée. »

M. Blin de Bourdon a la parole.

M. LE VICOMTE BLIN DE BOURDON. — Messieurs, vous avez consacré par votre vote le principe de l'entrée en franchise des matières premières ; aussi je ne viens pas vous demander de protéger par un droit de douane le lin ou le chanvre brut, c'est-à-dire une matière première ; mais ce lin et ce chanvre bruts, ces matières premières reçoivent plusieurs transformations industrielles, je devrais dire ces industries, le teillage, la filature et le tissage sont importantes dans notre pays.

Mais le teillage l'est au même titre que les autres, puisqu'il occupe plus d'ouvriers que la filature et le tissage réunis ; et cependant votre Commission vous propose de protéger par un droit important la filature et le tissage, et de livrer, sans défense, l'industrie du teillage à la concurrence étrangère. Cela ne me paraît pas logique, parce que cette même Commission vous demande un droit de 30 p. 100 sur les laines peignées, industrie absolument comparable à celle des lins et des chanvres teillés, puisque le peignage est la première transformation industrielle de la laine, comme le teillage est la première transformation industrielle du lin et du chanvre. Cette industrie était, je vous assure, bien digne de votre sollicitude ; elle est essentiellement rurale, j'ajouterai même qu'elle est essentiellement démocratique (Très bien à gauche), la plupart du temps de simples ouvriers se font entrepreneurs. Aidés de leurs familles ou de leurs voisins ils transforment à leurs risques et périls, le lin et le chanvre brut en lin et en chanvre teillés.

Est-ce précisément, parce que cette industrie n'est pas centralisée dans de vastes établissements ou concentrée entre les mains de puissants industriels, qu'elle a été oubliée dans les traités de 1860, ou bien les auteurs de ces traités ont-ils estimé qu'elle n'avait pas besoin de protection? Je l'ignore, mais j'affirme que l'erreur commise a presque ruiné l'industrie du teillage, et, du même coup, la culture des lins et des chanvres.

Vous pouvez en juger par les chiffres suivants déjà cités lors de la discussion générale, mais que je crois indispensable de remettre sous vos yeux.

Les importations de lin teillé qui étaient de 22,000 tonnes, en 1860, se sont élevées à 80,000 tonnes en 1877, et cependant le nombre des broches qui fonctionnaient en 1860 était de 600,000, tandis qu'il n'était plus que de 500,000 en 1877. Notre culture linière qui était de 117,000 hectares en 1860, n'était plus que de 52,000 hectares en 1879.

La culture du chanvre a été plus éprouvée encore. De 167,000 hectares qu'elle était en 1860, elle est réduite aujourd'hui à moins de 60,000 hectares.

Le teillage de chaque hectare de lin ou de chanvre comporte le travail de 3 ou 4 ouvriers et principalement pendant la saison d'hiver.

Voici l'énumération de la main-d'œuvre par hectare de lin :

Arrosage, 20 journées de travail par hectare ;

Râclage et battage, 20 journées de travail par hectare ;

Rouissage et teillage, 250 à 350 journées par hectare, suivant le mode employé et le rendement en matière textile.

Or, notre agriculture ayant perdu plus de 150,000 hectares de ces textiles, c'est donc l'occupation de 500 à

600 mille ouvriers pendant la mauvaise saison, que les importations de lins et de chanvres étrangers nous ont ravie.

Telle est la triste situation de l'industrie du teillage et de la culture des lins et des chanvres.

Je veux croire, je crois à votre bon vouloir pour l'agriculture. M. le Ministre a eu pour elle quelques bonnes paroles, votre Commission quelques bonnes intentions. Mais bonnes paroles et bonnes intentions ne remédieront pas aux souffrances de l'agriculture et au profond découragement des agriculteurs. Aussi je vous demande de vouloir bien adopter notre amendement, qui vous offre le double avantage de sauvegarder une industrie qui faisait vivre un grand nombre d'ouvriers, et de sauvegarder une culture qui avait fait la fortune de plusieurs régions agricoles. (Très bien ! très bien ! à droite.)

J'ajoute, en terminant, que pour ne pas porter préjudice aux filateurs et aux tisseurs, nous demandons par les paragraphes 3 et 4 de notre amendement qu'à l'importation des produits fabriqués il soit perçu, à titre de compensation, des droits supplémentaires équivalant aux droits d'entrée énoncés, et que ces derniers droits soient remboursés à l'exportation des produits fabriqués, au moyen de droits de sortie, équivalant aux droits d'entrée.

M. Pierre Legrand. — Messieurs, je viens vous soumettre les raisons qui ont empêché la Commission de demander un droit sur le lin.

Je sais bien que le lin est une des sources de la fortune de notre agriculture. Je sais parfaitement combien sont heureux et riches les pays où l'on peut se livrer à la culture du lin ; mais je sais aussi qu'il s'agit ici d'une plante nécessaire à l'industrie, et il y a un intérêt énorme, au point de vue de l'agriculture, qui produit ce textile, à ce qu'il ne soit pris aucune mesure qui puisse tarir cette source de la fortune industrielle. Je ne veux pas comparer l'industrie à l'agriculture. Toutes deux sont sacrées pour moi ; leurs intérêts sont égaux ; la richesse de l'agriculture et la richesse de l'industrie sont les deux sources de la prospérité de la France.

On a essayé d'établir une comparaison entre le peignage de la laine et le peignage du lin.

M. LE VICOMTE BLIN DE BOURDON. — Le teillage du lin !

M. PIERRE LEGRAND. — Le peignage n'est pas le teillage.

M. LE VICOMTE BLIN DE BOURDON. — Le teillage est la première transformation industrielle que subit le lin.

M. PIERRE LEGRAND. — Je le sais bien, mais il n'y a pas de comparaison à faire entre le teillage du lin et le peignage de la laine ; je comparerais bien plus volontiers le teillage au lavage des laines dans des eaux alcalines ; ce sont ces deux premières opérations que subissent les deux textiles avant d'arriver à l'industrie.

Il n'y a donc pas de comparaison à établir, je le répète, entre le rouissage du lin ou son teillage et le peignage de la laine.

Le droit demandé, messieurs, porte sur une matière première. Or, dans notre tarif, il y a cinq sortes de textiles, toutes matières premières d'une industrie : la laine, le coton, le lin, le jute et la soie. Le Gouvernement demande l'exemption de tous droits pour les matières premières. Vous aviez déjà voté l'exemption pour une matière première, la laine et vous venez de voter tout à l'heure l'exemption pour le coton.

Il s'agit maintenant du lin, et voici ce qui a décidé la Commission : Si vous votez un droit sur cette seule matière première, vous ferez à l'industrie du lin une situation absolument mauvaise qui aura une répercussion immédiate sur tous ses produits. Quand on impose la matière première, on impose par là même tous les produits qui en dérivent ; c'est ce que vous ferez en imposant la matière première du lin.

M. LE VICOMTE BLIN DE BOURDON. — Je demande qu'on exempte la matière première !

M. PIERRE LEGRAND. — Vous demandez que l'on frappe d'un droit de cinq francs le lin teillé : c'est bien cela ?

M. LE VICOMTE BLIN DE BOURDON. — Oui !

M. PIERRE LEGRAND. — Eh bien c'est une matière première.

A droite. — C'est une erreur !

M. PIERRE LEGRAND. — Je l'appelle matière première ; je sais bien que vous me répondrez qu'à des points de vue différents tout est matière première ; mais il est évident que le lin teillé est la matière première de l'industrie du lin ; vous allez le frapper d'un droit de 5 francs qui atteindra l'industrie du lin dans toutes ses conséquences. Je sais bien que par votre amendement vous proposez d'augmenter les produits qui en dérivent d'un droit égal à celui dont vous aurez frappé la matière première ; mais tous ces droits successifs qui pèseront sur tous les produits du lin, depuis la filature jusqu'au tissage, pour arriver à la consommation, frapperont les produits dérivés du lin d'une augmentation de valeur. Et, alors, l'un des principaux rivaux du lin, le coton, par exemple, dont vous n'aurez pas frappé la matière première, s'écoulera à des prix relativement moins élevés que ceux du lin et fera aux produits de ce textile une concurrence terrible.

Ce que je dis du coton, je le dirai à plus forte raison du jute, qui est le concurrent le plus direct du lin ; le jute ce textile nouveau avec lequel on fabrique des produits presque identiques, n'est pas frappé. On n'a réclamé aucun droit sur le jute. Le Gouvernement va demander l'exemption. Alors, tout à côté du lin, vous allez avoir un textile semblable, qui ne payera pas de droit, et les produits du lin vont se trouver, par cela même qu'ils seront frappés d'un droit, dans une situation inférieure à celle du jute lui-même.

Maintenant, messieurs, à un autre point de vue, est-il vrai que cette exemption de droits sur le lin soit la cause unique de la décroissance de la culture du lin et du chanvre en France ? Est-il vrai qu'en imposant des droits sur le lin et le chanvre on verrait la culture de ces textiles prendre un nouvel essor, et la fortune publique s'accroître ? Messieurs, je ne le crois pas ; et, en effet, je prends un exemple dans un pays voisin, car je ne veux parler que de choses que je connais bien.

La Belgique est un des grands pays producteurs de lin; les lins de Courtrai ont une réputation sans égale dans le monde. Or, la Belgique n'a pas de droit sur le lin teillé; elle reçoit tous ses produits en franchise, et voyez cependant la prospérité de sa culture! Si la thèse de l'honorable M. Blin de Bourdon était vraie, nous devrions trouver en Belgique une décroissance de la culture du lin; or voici ce que je trouve dans le rapport du président du jury de l'industrie linière à l'Exposition universelle :

En Belgique, en 1846, on cultivait 29,879 hectares de lin; dix ans plus tard, en 1856, 32,836 hectares; en 1866, 57,045 hectares; en 1877, 60,000 environ.

Ainsi, vous voyez en Belgique, où les lins teillés ne sont frappés d'aucun droit, une ascension progressive dans la culture du lin. Donc, il n'est pas vrai de dire que c'est à l'exemption seule qu'il faille attribuer la décroissance de la culture du lin en France.

Voilà les principaux arguments qui ont déterminé votre Commission à maintenir l'exemption dans le tarif général.

Permettez-moi, en finissant, de vous dire un mot d'une situation dont on a souvent parlé.

Savez-vous pourquoi nous ne prenons pas en France tout le lin dont nous avons besoin, en supposant que nous y trouvions toutes les qualités nécessaires à notre industrie, et pourquoi, malheureusement, nous allons trop souvent le chercher à l'étranger?

Il y a d'excellent lin dans l'Isère, mais il coûte plus cher rendu dans le Nord que le lin russe. On vous l'a dit bien des fois : le transport d'une tonne de lin coûte 5 fr. de Riga à Dunkerque, et nous payons 10 ou 12 fr. pour la faire venir de l'Isère.

Voilà une des causes qui amènent le décroissement de la culture du lin.

Si nous avions des transports à bon marché, il est facile de comprendre que nos industriels aimeraient mieux acheter en France le lin dont ils ont besoin que d'aller chercher à l'étranger les lins similaires.

Permettez-moi de le dire, ce droit de 5 fr. ne paraît rien au premier abord, mais pour certaines filatures de ma connaissance, il se chiffre par une dépense de 125,000 fr. et même de 200,000 fr. par an. Ces filatures ne pourraient pas résister à cet impôt considérable qui ne frapperait pas les autres industries similaires ; elles se fermeraient, et vous perdriez ainsi le principal débouché de la culture du lin français.

Ce qu'il faut avant tout, quant à présent, c'est obtenir que le lin français arrive facilement aux lieux de fabrication ; les industriels prendront, soyez-en bien convaincus, à conditions et à qualités égales, plus volontiers le lin français que le lin étranger. (Très bien ! — Aux voix ! aux voix !)

M. DES ROTOURS. — Je demande la parole.

Voix nombreuses. — La clôture ! la clôture.

M. DES ROTOURS. — Je demande la parole contre la clôture.

M. LE PRÉSIDENT. — M. des Rotours a la parole contre la clôture.

M. DES ROTOURS. — Messieurs, la question qui vous est soumise est très importante. Elle n'a encore été examinée que sous un de ses aspects. Je viens demander à la Chambre de vouloir bien m'autoriser à lui présenter quelques très courtes observations qui motiveraient, j'en suis convaincu, le renvoi de l'amendement à la Commission. (La clôture ! la clôture !)

M. LE PRÉSIDENT. — Je consulte la Chambre sur la clôture.

(La Chambre, consultée, prononce la clôture.)

M. LE PRÉSIDENT. — MM. Anisson Duperron et du Douët ont retiré leur amendement et se sont ralliés à l'amendement de M. Blin de Bourdon et de ses collègues.

Je consulte la Chambre sur cet amendement.

Deux demandes de scrutin public ont été déposées ;

La 1re est signée par MM. le baron de Septenville,

Livois, Colbert-Laplace, du Douët, Blin de Bourdon, Gusman Serph, comte d'Espeuilles Savoye, Victor Hamille, de la Biliais, Bourgeois, de Kerjégu, Laroche-Joubert, Harispe, de Clercq, comte de Cossé-Brissac, de Saint-Martin, etc. ;

La 2e, par MM. Beauchamp, Desloges, Serph (Gusman), Bourgeois, Debuchy, de Kerjégu, comte de Perrochel, vicomte de Bélizal, de Tillancourt, Blachère, de Kermenguy, du Douët, de Partz, de Perrien, Huon de Penanster, de la Biliais, de Ladoucette, Keller, Savoye, des Rotours, Trystram, Pierre Legrand, comte de Roys, etc.

Il va être procédé au scrutin.

Les votes sont recueillis. Le dépouillement du scrutin donne les résultats suivants :

Nombre de votants.	407
Majorité absolue	204
Pour 101	
Contre 306	

La Chambre des députés n'a pas adopté.

Extrait de la séance du vendredi 7 mai 1880.
Présidence de M. Gambetta.

Filature de Lin et de Chanvre.

M. LE PRÉSIDENT. — Je consulte la Chambre sur la clôture de la discussion générale sur les fils de lin et de chanvre.

(La clôture de la discussion générale est mise aux voix et prononcée.)

M. LE PRÉSIDENT. — Nous allons passer à la discussion des divers paragraphes du n° 337.

Ce numéro, dans le projet de la Commission, est ainsi conçu :

« FILS SIMPLES ÉCRUS, MESURANT AU KILOGRAMME :

« 1re *catégorie.*

« 5,000 mètres et moins, 20 fr. les 100 kil.

« 2e *catégorie.*

« 5,000 mètres à 6,000 mètres, 25 fr. les 100 kil.
« 6,000 mètres à 10,000 mètres, 25 fr. les 100 kil.

« 3e *catégorie.*

« 10,000 mètres à 12,000 mètres, 35 fr. les 100 kil.
« 12,000 mètres à 20,000 mètres, 35 fr. les 100 kil.

« 4e *catégorie.*

« 20,000 mètres à 24,000 mètres, 50 fr. les 100 kil.
« 24,000 mètres à 30,000 mètres, 50 fr. les 100 kilog.

« 5e *catégorie.*

« 30,000 mètres à 36,000 mètres, 65 fr. les 100 kilog.
« 36,000 mètres à 45,000 mètres, 65 fr. les 100 kilog.

« 6e *catégorie.*

« 45,000 mètres à 60,000 mètres, 85 fr. les 100 kilog.

« 7e *catégorie.*

« 60,000 mètres à 80,000 mètres, 115 fr. les 100 kilog.

« 8e *catégorie.*

« 80,000 mètres à 100,000 mètres, 160 fr. les 100 kilog.

« 9e *catégorie.*

« Plus de 100,000 mètres, 200 fr. les 100 kilog.
« Fils blanchis ou teints, fils retors écrus, droits des fils simples écrus, augmentés de 30 p. 100.
« Fils retors blanchis ou teints, droit des fils simples, blanchis ou teints, augmenté de 30 p. 100.
« Fils de lin ou de chanvre mélangé, le lin ou le

chanvre dominant en poids, mêmes droits que les fils de lin ou de chanvre pur, selon l'espèce et la classe. »

Avant de mettre aux voix les chiffres du tarif pour chaque paragraphe, je proposerai à la Chambre de se prononcer d'une manière générale, par un vote, entre le système de catégorie de la commission et le système du gouvernement.

Si la Chambre accepte cette marche, il s'agirait de voter d'abord sur le système de la commission, qui constitue un amendement au projet modifié qui a été présenté par le gouvernement.

M. Méline. — Nous acceptons parfaitement le mode de voter que vient d'indiquer M. le président ; mais je ferai remarquer qu'il y a un amendement de M. Le Gonidec de Traissan, sur lequel il conviendrait que la Chambre se prononçât avant de décider sur le système de la commission.

M. le Président. — L'amendement de M. Le Gonidec ne porte pas seulement sur la première catégorie.

M. Méline. — Pardon, monsieur le président, M. Le Gonidec demande que la première catégorie, celle de 5,000 mètres et moins, soit subdivisée en quatre catégories.

M. Le Président. — La Chambre peut néanmoins se prononcer d'abord entre la réglementation de la commission et celle du gouvernement, et ensuite être consultée sur l'amendement de M. Le Gonidec.

M. Méline. — Je crois qu'il serait mieux de discuter d'abord l'amendement de M. Le Gonidec, qui est une modification du travail de la commission. La Chambre statuerait sur cet amendement, et si elle ne l'adoptait pas, elle aurait ensuite à décider sur l'ensemble des propositions de la commission.

M. le Président. — La Chambre peut, en effet, procéder de cette manière.

L'amendement de M. Le Gonidec est ainsi conçu :

« N° 337. — Fil de lin ou de chanvre.

« Fils simples écrus mesurant au kilogramme.

« Remplacer le paragraphe :

« 1re catégorie. — 5,000 mètres et moins, 20 fr. les 100 kilogrammes, par le suivant :

« 1re catégorie subdivisée :

« 500 mètres et moins, 12 fr. les 100 kilog.

« 501 mètres à 1,000 mètres, 13 fr. les 100 kilog.

« 1,001 mètres à 3,000 mètres, 16 fr. les 100 kilog.

« 3,001 mètres à 5,000 mètres, 19 fr. les 100 kil. »

La parole est à M. Le Gonidec.

M. le comte LE GONIDEC DE TRAISSAN. — Messieurs, dans son projet de tarif sur la filature de chanvre, la commission vous propose une seule catégorie pour les fils ne mesurant pas plus de 5,000 mètres au kilogramme. Cette catégorie unique comprend des fils de valeurs fort différentes ; l'amendement que j'ai l'honneur de vous proposer consiste à subdiviser cette catégorie et à attribuer à chaque subdivision un chiffre en rapport avec la valeur des produits qu'elle comprend.

Ces produits étant en moyenne de 130, 140, 160 et 190 fr. pour les longueurs de 500, 1,000, 3,000 et 5,000, les chiffres proposés correspondent à une protection de 10 p. 100 de la valeur, protection qui me semble suffisante.

M. le rapporteur m'objectera peut-être que ces prix sont ceux des fils destinés à la corderie ; que le tissage d'une part, de l'autre la sellerie et la cordonnerie emploient des fils de ces mêmes numéros.

Il me permettra de lui répondre que les prix des fils de tissage sont sensiblement les mêmes que ceux des fils de corderie. Quant aux fils de sellerie et de cordonnerie, dont les prix sont un peu supérieurs, nous avons dans cette branche une grande supériorité qui tient à la nature même du sol de la France.

Le chanvre français en effet, surtout celui de la vallée de la Loire, est plus fort que le chanvre étranger, il offre plus de résistance au dynanomètre. La seule qualité du chanvre italien est d'être souple et propre au retordage. La sellerie et la cordonnerie qui se servent de fil simple, trouvant une grande supériorité dans l'emploi des fils de chanvre français, nous n'avons pas à craindre la concurrence étrangère dans cette matière pour laquelle notre exportation est considérable.

Quant à l'industrie du retordage, il lui faut au contraire du chanvre souple ; elle a donc intérêt à pouvoir employer du chanvre étranger.

Les deux premières subdivisions proposées, celles de 500 et de 1,000 mètres, ne donnent lieu qu'à une très faible importation. Ces fils sont généralement fabriqués en France et ne servent qu'à la corderie. La ficellerie, industrie considérable en France, emploie surtout les numéros compris entre 1,000 et 5,000 mètres, surtout ceux qui ont moins de 3,000. Elle demande de pouvoir y employer des fils étrangers sans payer à l'entrée un droit hors de proportion avec la valeur du produit indigène identique.

M. le ministre estime qu'il ne faut pas établir trop de catégories. Il me permettra de faire remarquer que lui-même a proposé pour les fils de jute une classification identique à celle que je demande pour les fils de lin ou de chanvre. J'espère donc que la Chambre ne s'arrêtera pas à cette objection. (Marques d'assentiment sur divers bancs.)

M. Méline. — Messieurs, la commission ne résiste pas aux abaissements raisonnables qui lui sont proposés quand ces abaissements sont conciliables avec les intérêts de l'industrie que nous avons à défendre.

Il nous est apparu que l'amendement de M. Le Gonidec pouvait être accepté dans une certaine mesure, mesure que nous avons à déterminer. La commission ferait volontiers à M. Le Gonidec la concession de l'abaissement du droit jusqu'à 2,000 mètres.

M. Le Gonidec propose un droit de 12 fr. jusqu'à 500 mètres, de 13 fr. de 500 à 1,000 mètres, de 16 fr. de 1,000 à 2,000 mètres.

La commission accepterait volontiers un droit inférieur à 20 fr. jusqu'à 2,000 mètres. Ce serait un droit de 16 ou

17 fr. Le gouvernement aura à se prononcer sur le chiffre ; il faudrait nous mettre d'accord avec lui sur la proposition qui vous est faite.

Nous pourrions accepter un droit de 16 fr. au lieu de 20 fr. ; mais il est impossible à la commission d'aller plus loin et d'entrer dans la voie que M. Le Gonidec indique ; il demande, en dehors de ces catégories abaissées qui iraient jusqu'à 2,000 mètres, de faire d'autres catégories qui iraient jusqu'à 5,000 mètres. Il nous est impossible de lui faire cette concession, par la raison que les fils entre 2,000 et 5,000 mètres ont une valeur trop considérable pour que le droit de 16 fr. suffise à les protéger.

M. Le Gonidec essaie d'établir une assimilation entre les fils de lin et les fils de jute au-dessous de 500 mètres. Il n'y a aucun rapport, au point de vue des frais de façon entre la filature de lin et la filature de jute : cette dernière travaille une matière grossière, il est vrai, mais facile à fabriquer ; une machine de filature de jute produit en une journée, en articles façonnés, le double de ce que produit une machine de filature de lin. Il n'est pas possible d'assimiler deux produits aussi différents et de leur accorder les mêmes droits. Toute la concession qu'on peut faire à M. Le Gonidec est d'autoriser la création de catégories nouvelles pour les fils inférieurs à 2,000 mètres, pour certains fils, comme les fils de corderie, qui ont une valeur médiocre.

En résumé, la commission avait accepté deux catégories : une catégorie jusqu'à 500 mètres avec un droit de 12 fr., et une catégorie jusqu'à 2,000 mètres au droit de 16 fr. La commission ne fera pas d'objection au gouvernement s'il préfère d'autres chiffres.

M. LE MINISTRE DE L'AGRICULTURE ET DU COMMERCE. — Messieurs, je crois qu'il est absolument inutile de multiplier les catégories. Si chaque représentant d'une ville ou d'une contrée vient nous dire : Il conviendrait de diminuer tel numéro et de faire une classe de plus, avec abaissement pour l'une et relèvement de droit pour l'autre, nous arriverons à établir un tarif inextricable. Je ne veux pas me mettre en opposition avec la commission, mais je la prie de vouloir bien réduire la concession à une seule catégorie s'étendant jusqu'à 2,000 mètres avec un droit de 15 ou 16 fr.

M. MÉLINE. — Seize francs !

M. LE MINISTRE. — Cela donnerait satisfaction à l'amendement de M. Le Gonidec, mais, vraiment, créer des catégories de 500 à 1,000, de 1,001 à 3,000 mètres et de 3,001 à 5,000 mètres, ce serait abusif.

M. MÉLINE. — La commission partage l'avis de M. le ministre.

M. LE PRÉSIDENT. — Alors dans la première catégorie, on dirait : « Fils simples, écrus, mesurant au kilogramme 2,000 mètres et moins, 16 fr. » Etes-vous d'accord là-dessus ?

M. MÉLINE. — Oui, monsieur le président.

M. LE COMTE LE GONIDEC DE TRAISSAN. — Je me rallie à la proposition de M. le rapporteur et retire mon amendement.

M. LE PRÉSIDENT. — Je consulte la Chambre sur la rédaction que je viens de formuler.

(La rédaction formulée par M. le président est mise aux voix et adoptée.)

M. LE PRÉSIDENT. — Nous aurions maintenant à passer au vote sur le choix à faire entre la fixation des catégories proposée par la commission et la fixation présentée par le gouvernement ; mais l'honorable M. Lenglé vient de déposer un amendement qui est soumis à la prise en considération. Cet amendement est ainsi conçu :

« Nº 337. — Remplacer les 6ᵉ, 7ᵉ, 8ᵉ et 9ᵉ catégories par les deux catégories suivantes :

« *6ᵉ catégorie.*

« 45,000 à 72,000 mètres, 60 fr.

« *7ᵉ catégorie.*

« Plus de 72,000 mètres, 100 fr. »

Seulement, je crois que M. Lenglé aurait intérêt à ne s'expliquer que sur ce qu'il appelle la 6ᵉ catégorie, la 7ᵉ pouvant toujours être rattachée à la catégorie du gouvernement comprenant de 80,000 à 100,000 mètres. Quant à la 9°, plus de 100,000 mètres, elle ne donne lieu à aucune contestation.

La parole est à M. Lenglé.

. . . .

M. Lenglé, M. Méline, M. Rouher et M. Pierre Legrand prennent la parole sur cet amendement.

M. LE PRÉSIDENT. — Je vais consulter la Chambre sur la prise en considération de l'amendement de M. Lenglé.

(L'amendement, mis aux voix, n'est pas pris en considération.)

M. LE PRÉSIDENT. — Nous allons passer au vote sur le système de catégories présentées par la commission depuis la 2° catégorie jusqu'à la 8° inclusivement.

M. LE MINISTRE DE L'AGRICULTURE ET DU COMMERCE. — Cela fait neuf catégories, avec l'amendement de M. Le Gonidec de Traissan.

M. LE PRÉSIDENT. — L'amendement de M. Le Gonidec de Traissan, qui a été transformé, portait sur une partie de la 1re catégorie et en distrayait les fils de 2,000 mètres et moins.

Nous sommes maintenant en présence d'une seconde catégorie, comprenant les fils depuis 2,000 mètres jusqu'à 6,000 mètres au kilogramme.

Mais le vote que la Chambre va être appelée à rendre, porte sur une question d'option, entre le mode de tarification de la commission et celui du Gouvernement.

Il va être procédé au scrutin qui a été demandé par MM. Pierre Legraud, Maurice Rouvier, Frogier de Pontlevoy, Devaud, Viette, de Marcère, Danelle-Bernardin, Girault, Deusy, Debuchy, Screpel, Masure, Giraud, Cirier, Trystram, Richard Waddington, etc.

(Le scrutin est ouvert, les votes sont recueillis.)

Le dépouillement du scrutin donne les résultats suivants :

Nombre des votants. 436
Majorité absolue. 219

Pour l'adoption. 128
Contre. 308

La Chambre des députés n'a pas adopté.

A ce moment, M. Richard Waddington et M. Lebaudy viennent déposer chacun un rapport sur le bureau de la Chambre, puis la discussion continue et se termine par le vote du tarif de la filature proposé par M. Tirard.

M. LE PRÉSIDENT. — Nous reprenons la discussion du tarif des douanes. La proposition de la commission ayant été repoussée, nous abordons la tarification portée au projet du gouvernement :

« Plus de 2,000 mètres, pas plus de 6,000 mètres. — 18 fr. 50.

« Plus de 6,000 mètres, pas plus de 12,000 mètres. — 25 fr.

« Plus de 12,000 mètres, pas plus de 24,000 mètres. — 37 fr.

« Plus de 24,000 mètres, pas plus de 36,000 mètres. — 45 fr.

« Plus de 36,000 mètres, pas plus de 60,000 mètres. — 62 fr.

« Plus de 60,000 mètres, pas plus de 80,000 mètres. — 99 fr.

« Plus de 80,000 mètres, pas plus de 100,000 mètres. — 149 fr.

« Plus de 100,000 mètres. — 200 fr.

« Fils blanchis ou teints. — Droits des fils simples écrus augmentés de 30 p. 100.

« Fils retors écrus. — Droits des fils simples écrus augmentés de 30 p. 100.

« Fils retors blanchis ou teints. — Droit des fils simples, blanchis ou teints augmenté de 30 p. 100.

« Fils de lin ou de chanvre mélangé, le lin ou le chanvre dominant en poids — Mêmes droits que les fils de lin ou de chanvre pur, selon l'espèce et la classe.»

(Les divers chiffres de cette tarification sont successivement mis aux voix et adoptés.)

M. le Président. — Nous avons terminé ce qui concerne les fils de lin et le chanvre. Nous passons au tissage.

Extrait de la séance du jeudi 3 juin 1880.
Présidence de M. Gambetta.

Corderie.

« N° 538. — Cordages et ficelles en lin, chanvre, jute ou tous autres végétaux non dénommés :

« Fils simples, écrus, polis ou non polis, en pelotes ou en écheveaux, mesurant au kilogramme de fil simple, jusqu'à 500 mètres, 12 fr. les 100 kilog.

« Mesurant au kilogramme de 501 à 1,000 mètres, 16 fr. les 100 kilog... »

M. le Président. — Le gouvernement propose un droit de 15 fr. pour les deux catégories.

La parole est à M. Méline.

M. Méline, rapporteur. — Il y a malheureusement, en effet, une divergence assez profonde entre le gouvernement et la commission sur cet article : « Corderie. » Je le regrette, car il m'était apparu que nous devions tomber d'accord sur les points essentiels de cette matière.

Un membre à droite. — Quelle est la différence ?

M. le Rapporteur. — Vous allez le voir, mon cher collègue.

Cette industrie, je n'ai pas besoin de vous le dire, est une industrie très considérable en France ; elle fait vivre un très grand nombre d'ouvriers. Il n'y a pas seulement la corderie à la main, qui existe dans un grand nombre de départements ; il y a aussi la grande fabrication mécanique, créée depuis quelques années, qui fonctionne dans de vastes établissements, munis de machines très perfectionnées et très coûteuses.

Il faut bien le dire, cette industrie n'a pas reçu un tarif

véritable dans les traités de 1860 ; car je ne considère pas comme tel un droit unique de 15 fr., conservé par le gouvernement, dans son tarif général, avec la majoration habituelle, qui l'a porté à 18 fr. 50.

Ce droit unique de 18 fr. 50 devient ainsi la seule défense d'une industrie considérable dont la fabrication correspond à un ensemble très varié de produits. Le premier inconvénient de ce droit unique est de ne pas tenir compte de la nature même de la fabrication.

Messieurs, qu'est-ce, en effet, qu'un cordage ou une ficelle ?

C'est d'abord un fil simple ou retordu qui est travaillé et poli de façon à en faire une ficelle ou un cordage.

La matière première est donc le fil. Le cordier prend ce fil en France ou à l'étranger. Quand il le prend à l'étranger, il est obligé d'acquitter les droits que vous avez établis sur la filature.

Or, le droit minimum sur la filature de lin est, dans le projet du gouvernement, de 18 fr. 50, tout juste ce qu'il accorde à la corderie.

Je vous demande, messieurs, si véritablement il est équitable de ne donner qu'un droit de 18 fr. 50 à un cordier qui a commencé par payer le même droit sur le fil acheté à l'étranger.

Remarquez que 18 fr. 50 est le minimum du droit sur le fil ; si le cordier fabrique de la ficelle avec un numéro plus élevé, il obtient moins pour le produit fabriqué que ce qu'il a payé sur le fil lui-même.

C'est là, messieurs, une injustice choquante, et c'est le sentiment de cette injustice qui a amené votre commission à vous proposer pour la corderie un tarif gradué, avec des catégories correspondant à la nature même de la fabrication. Celle-ci se modifie naturellement avec le numéro du fil employé ; plus il est fin, plus le travail et la façon s'élèvent.

Il en résulte que la valeur des articles fabriqués est très étendue, et varie du haut en bas de l'échelle de la corderie dans des proportions très-sérieuses. Il me suffira, pour vous en donner une idée, de parcourir l'ensemble de la fabrication soit des fils simples, soit des fils retordus transformés en cordages ou en ficelles.

Si l'on recherche la valeur de ces articles en la calculant sur la longueur du fil simple contenu dans un kilogramme, on découvre que les cordages et ficelles simples au-dessous de 6,000 mètres au kilogramme, valent de 150 à 320 fr. les 100 kilog. ; les cordages et ficelles faits de fils retordus valent de 140 à 400 fr.

A ces valeurs si différentes, est-il juste d'appliquer le même droit de 18 fr. 50 ?

Il nous a paru qu'il était impossible de faire un tarif raisonnable sur cette base, et nous avons alors cherché les moyens d'appliquer des droits proportionnels à la valeur des produits.

Nous avons été amenés à créer deux catégories, une pour les ficelles et cordages d'un seul fil et une autre pour les ficelles et cordages formés de plusieurs fils retordus. Nous avons ensuite appliqué aux différentes catégories que nous avions ainsi créées un droit spécifique d'environ 10 p. 100 de la valeur. Ce droit varie entre 12 et 43 fr. pour les cordages et ficelles simples, et entre 15 et 57 fr. pour les cordages et ficelles retordus, ces derniers droits ont été calculés sur les premiers auxquels nous nous sommes bornés à ajouter la majoration de 30 p. 100 que vous avez généralement accordée à l'opération du retordage.

Je ne veux pas insister davantage ; ces courtes explications suffiront, je pense, pour vous faire comprendre le mécanisme de notre tarif et les principes qui ont dirigé votre commission. (Approbation sur plusieurs bancs.)

M. LE MINISTRE DE L'AGRICULTURE ET DU COMMERCE. — Je tiens d'abord à relever une erreur commise par l'honorable M. Méline ; il vous a dit que 18 fr. 50 était le droit le plus bas qui ait été appliqué : il se trompe, c'est 16 fr. sur les fils au-dessous du numéro 2,000.

M. MÉLINE. — C'est vrai pour les fils au-dessous de 2,000 mètres, mais la corderie fabrique jusqu'à 6,000 mètres et au delà, les droits qu'elle paie sur les fils sont alors de 18 fr. 50 et au-dessus.

M. LE MINISTRE. — Ce n'est donc pas 18 fr. 50, mais 16 fr. qui est le droit le plus bas.

Par conséquent, quand nous proposons 18 fr. 50 par kilogramme de fil simple, nous donnons une majoration de 2 fr. 50.

J'ajoute que l'industrie du cordage n'est pas en souffrance, comme on l'a prétendu, car elle exporte beaucoup plus qu'elle n'importe.

En effet, nous importons une quantité de 605,000 kilog. dans lesquels les deux tiers consistent en fils de caret, admis en franchise temporaire pour les constructions navales; reste donc comme quantité importée soumise aux droits 200,000 kilog., et nous en exportons 2,380,000 kilogrammes. Nous exportons donc dix fois plus que nous n'importons.

Cette industrie n'est donc pas en souffrance et le droit unique de 15 fr. qui lui est appliqué depuis 1860, lui a permis non seulement d'exister, mais même d'exporter dix fois plus qu'elle n'importe.

Cependant nous avons été frappés d'une anomalie qui résultait du droit unique de 15 fr. et qui faisait que l'industrie des cordages et ficelles était, en réalité, protégée par un droit moindre que celui qu'elle devait acquitter sur les fils qu'elle achetait à l'étranger et dont étaient composés ses produits.

Pour donner en grande partie satisfaction aux réclamations qui nous ont été adressées par les industriels, et aux observations qui nous ont été faites par la commission, nous vous proposons d'établir les trois droits suivants :

« Cordages et ficelles de sparte, de tilleul et de jonc, 3 fr. 75 les 100 kilog.

« Autres mesurant par kilog. de fil simple :

« 500 mètres et au-dessous, 18 fr. 50 les 100 kilog.

« De 501 à 2,000 mètres, 22 fr. les 100 kilog.

« Plus de 2,000 mètres. (Droit du fil retors pour tissage, suivant l'espèce du filament et l'état du fil.) »

Ainsi, pour les ficelles mesurant plus de 2,000 mètres au kilogramme, nous appliquons le droit du fil retors; si ce fil est teint, on applique le droit du fil teint; s'il est poli, blanchi, c'est le droit du fil blanchi.

Nous donnons donc une large satisfaction à l'industrie de la corderie.

M. MÉLINE. — Vous donnez le droit du fil, mais vous ne donnez rien à l'industrie de la corderie!

M. LE MINISTRE. — Nous ne donnons rien à l'industrie de la corderie!... L'industrie de la corderie était et est encore dans une bonne situation avec un droit unique de 15 fr. non-seulement nous maintenons ce droit, mais nous l'augmentons dans une proportion considérable.

Nous consentons une augmentation qui va peut-être à 100 p. 100! Comment peut-on dire que nous ne faisons rien pour elle?

Par les dispositions que nous vous proposons, nous donnons une satisfaction énorme à l'industrie de la corderie, satisfaction qui, j'en suis convaincu, dépasse toutes les espérances qu'elle ait jamais pu concevoir. (Approbation sur divers bancs.)

M. LE COMTE LE GONIDEC DE TRAISSAN. — Je demande la parole.

M. LE PRÉSIDENT. — Vous avez la parole.

M. LE COMTE LE GONIDEC DE TRAISSAN. — M. le ministre me permettra une observation.

Il a dit que notre exportation était de 2,300,000 kilog...

M. LE MINISTRE. — C'est 2,380,000 kilog.!

M. LE COMTE LE GONIDEC DE TRAISSAN. — Mais dans ce chiffre sont compris les approvisionnements de bord, qui depuis la circulaire ministérielle en date du 21 décembre 1850, sont portés au compte de l'exportation. La douane relevant indistinctement aux exportations ces cordages d'approvisionnement avec ceux qui composent les cargaisons à destination de l'étranger, je n'ai pu me procurer le chiffre exact des premiers, mais ce chiffre est très considérable.

Dans la période décennale de 1867 à 1876, nous avons

chargé en moyenne dans nos ports 8,202 navires français. Si nous comptons par navire un approvisionnement de 100 kilog de cordages, — et ce n'est qu'un minimum, — nous obtiendrons plus de 800,000 kilog. qui doivent être défalqués du chiffre de l'exportation, car ils appartiennent à la consommation française.

M. LE MINISTRE. — Pourquoi cela ?

M. LE COMTE LE GONIDEC DE TRAISSAN. — Ils y appartiennent au même titre que la consommation des caboteurs et des bâtiments de pêche sur les côtes de France.

Et ce chiffre de 800,000 kilog. est de beaucoup au-dessous de la vérité. Car j'ai ici entre les mains deux permis de vivres et d'embarquement portant l'un 200, l'autre 300 kilog. de cordages pour approvisionnement de navires transporteurs.

M. LE MINISTRE. — Si nos navires s'approvisionnent en France plutôt qu'à l'étranger, c'est qu'ils ont intérêt à le faire. Autrement ils n'emporteraient de cordages que ce qu'il leur faudrait pour atteindre le port d'arrivée.

M. LE COMTE LE GONIDEC DE TRAISSAN. — C'est ce qu'ils font, et ils doivent renouveler à l'étranger leur approvisionnement pour le retour.

Les deux exemples que j'ai cités appartiennent au port de Nantes et à celui de Cette, si mes souvenirs sont exacts. En outre, j'ai relevé pour le seul port de Granville, en 1879, une exportation de 100,807 kilog. de cordages destinés à Saint-Pierre et Miquelon, mais dont 62,300 kil. étaient, pour une trentaine de navires, les provisions de bord et de pêche, ce qui porte leur moyenne à 2,000 kilog. environ par navire.

Ce chiffre est sans doute exceptionnel ; mais en admettant même le chiffre excessivement réduit de 100 kilog. minimum par navire, qui nous donne 800,000 kilog. figurant à tort au compte de l'exportation, nous voyons que cette exportation n'est plus aussi florissante que M. le ministre a bien voulu le dire. (Approbation sur plusieurs bancs.)

M. LE MINISTRE. — Je ne comprends pas bien l'importance des observations que vient de présenter l'honorable orateur qui descend de la tribune. Si du chiffre de 2,380,000 kilogrammes de cordages et de ficelles exportés nous défalquons 800,000, — je prends le chiffre de l'honorable M. Le Gonidec, — il restera encore 1,500,000 kilogrammes à l'exportation.

M. LE COMTE LE GONIDEC DE TRAISSAN. — Le chiffre de 800,000 est pour moi un minimum !

M. LE MINISTRE. — Si vous voulez que je vous donne un chiffre encore plus topique, je vais vous citer celui qui résulte des entrées en Algérie des articles qui nous occupent en ce moment.

En Algérie, où tous ces articles sont exempts de droits, où nous rencontrons surtout la concurrence italienne, nous sommes dans la situation suivante : l'Italie en 1878 a fourni à notre colonie 73,000 kilog. de cordages, contre nous 421,000.

Vous voyez donc que cette industrie de la corderie n'est pas aussi peu florissante qu'on veut bien le dire, puisque dans un pays où il n'y a aucun droit à payer, où la concurrence italienne est aussi rapprochée que possible, nous faisons 421,000 kilog. d'importation, tandis que nos concurrents les plus redoutables n'en font que 73,000. (Très bien ! très bien !)

M. MÉLINE. — De 1867 à 1877, l'importation s'est élevée de 100,000 à 500,000 kilog.

M. LE PRÉSIDENT. — Je mets aux voix la tarification proposée par la commission qui a accepté, je crois, l'amendement de M. Le Gonidec de Traissan tendant à la suppression des mots « écrus » et « ou non polis ».

(La tarification de la commission, mise aux voix, n'est pas adoptée.)

M. LE PRÉSIDENT. — Maintenant je vais consulter la Chambre sur la tarification nouvelle proposée par le gouvernement

(La nouvelle tarification proposée par le gouvernement est mise aux voix et adoptée.)

M. LE PRÉSIDENT. — Ici vient un amendement de M. des Rotours, ainsi conçu :

« Les droits ci-dessus seront augmentés de la surtaxe d'entrepôt pour ceux des filaments et des végétaux frappés de cette surtaxe. »

L'amendement est-il appuyé ?

M. CAZE. — La commission accepte la suppression des surtaxes d'entrepôt. L'amendement n'a plus de raison d'être.

M. DES ROTOURS. — Je reçois satisfaction par cette déclaration. Je retire mon amendement.

M. LE PRÉSIDENT. — Alors nous passons au n° 539.

ANGERS. — IMPRIMERIE LACHÈSE ET DOLBEAU

www.ingramcontent.com/pod-product-compliance
Lightning Source LLC
LaVergne TN
LVHW021821170726
843503LV00007B/3299